UNE

IMPRUDENCE

Comédie en un acte

PAR

ADEL - DAGUS

M. D. CCC. LXX.

UNE

IMPRUDENCE

Comédie en un acte

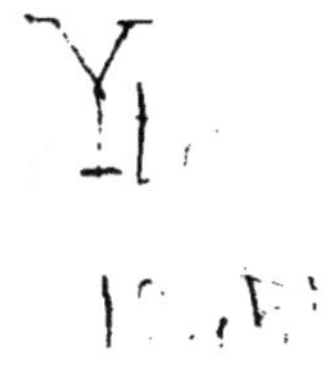

IMPRIMERIE DUFOUR ET Cie

Boulevard Bonne-Nouvelle, 26

PARIS

UNE

IMPRUDENCE

Comédie en un acte

PAR

ADEL-DAGUS

M. D. CCC. LXX.

UNE IMPRUDENCE

COMÉDIE EN UN ACTE.

———

PERSONNAGES :

Étienne MURIADY, gentilhomme hongrois, 23 ans.
La comtesse BUDIANSKA, sa sœur, 30 ans, toilette
  tapageuse.
Thecla de LILIEN, 18 ans.
Samuel ROSENBLUHM, banquier, 45 ans.
WUNSCH, valet de chambre de Muriady, 60 ans.

———

La scène se passe de nos jours, à Vienne, chez Muriady.

UNE IMPRUDENCE

Comédie en un acte.

La scène représente un élégant cabinet de garçon. Porte au fond, à droite cheminée et porte, à gauche bureau, panoplie et porte, devant la cheminée, chaise longue derrière laquelle se trouve une table couverte de journaux, de livres, de cigares, — lampes allumées.

SCÈNE I

WUNSCH, LA COMTESSE.

Wunsch, endormi dans un fauteuil, un journal sur les genoux ; on sonne, Wunsch se lève, se frotte les yeux, range les meubles à la hâte et se dirige vers la porte du fond. Un valet de pied introduit la comtesse.

LA COMTESSE.

Bonjour, mon vieux Wunsch, bonjour ; tu dois être étonné de me voir à cette heure. En rentrant de chez les Stylberg, j'ai vu vos fenêtres éclairées, j'ai cru mon frère chez lui, j'ai fait arrêter, je suis montée. Ah ça, il est sorti ?

WUNSCH.

Oui, madame la comtesse.

LA COMTESSE.

Où penses-tu qu'il soit allé ce soir ?

WUNSCH.

Je ne saurais le dire à madame la comtesse. Monsieur pourrait bien être au club, ou peut-être au bal de l'ambassade de France.

LA COMTESSE.

A-t-il dit à quelle heure tu devais l'attendre ?

WUNSCH.

Madame la comtesse, monsieur ne dit jamais de ces choses-là. Souvent il me gronde de l'avoir attendu, et m'assure que Joseph lui suffit ; voilà tout.

LA COMTESSE.

Il a raison, mon pauvre Wunsch ; ce n'est pas après quarante ans de bons services qu'on doit veiller ainsi ; cela ne te vaut rien.

WUNSCH.

Madame la comtesse est bien bonne ; mais c'est que j'ai le cœur gros quand je ne me sens

plus bon à rien. Le chagrin est plus lourd à por-
ter que la fatigue.

LA COMTESSE.

Tout cela n'est pas une raison pour se fatiguer
et se chagriner inutilement.

Cela m'agace que mon frère ne soit pas rentré.
J'ai à lui parler, il le sait, et je crois vraiment
qu'il m'évite à dessein. Voilà huit jours qu'il n'a
mis les pieds chez moi. Et quand on pense que
je suis venue de Prague exprès pour lui, ce n'est
pas aimable... Puisque j'ai tant fait que de monter, je veux l'attendre. Je lui donne une demi-
heure pour rentrer. (A Wunsch.) Débarrasse-moi
de mon manteau. (Elle s'assied près de la cheminée.)
Donne-moi quelque chose pour passer le temps.

WUNSCH.

Madame la comtesse veut-elle du thé?

LA COMTESSE.

Non, merci ; autre chose. (Elle allume une ciga-
rette.)

WUNSCH.

Voici le *Figaro*.

LA COMTESSE.

Fi, l'horreur! ce journal qui a médit de ma
cousine à propos de Thérésa.

WUNSCH.

Voici la feuille officielle.

LA COMTESSE.

Bon ! de Charybde en Scylla. (Elle se lève, se promène, lorgne les tableaux, et s'arrête devant la panoplie. Pendant ce temps, Wunsch arrange le feu.) Je ne connaissais pas ces pistolets. (Elle en décroche un.)

WUNSCH (effrayé).

Je supplie madame la comtesse de prendre garde : ces armes sont chargées.

LA COMTESSE.

Ah ! ce pistolet est chargé ! tant mieux ; cela me donne envie de l'essayer. Wunsch, approche... Allons donc, plus vite que cela.

WUNSCH (avançant avec crainte).

Ah! madame la comtesse!

LA COMTESSE.

Prends mon éventail, ouvre-le, et va te placer dans le coin là-bas. Tu vas voir que je tire aussi bien qu'il y a dix ans.

WUNSCH (tremblant).

Ah ! madame la comtesse, vous allez casser quelque chose.

LA COMTESSE (riant).

Ah ! ah ! ah ! mon bon vieux Wunsch, la

bonne figure que tu fais! Comment, tu m'as crue capable de tapage nocturne, au risque de faire venir la police! Ah! ah! ah! cela me donne une jolie idée de ton opinion sur moi.

WUNSCH.

Ah ! madame la comtesse... lorsque vous étiez petite...

LA COMTESSE (lui tendant le pistolet).

N'aie pas peur, prends cela et remets-le en place. Tu vois bien que je ne suis plus petite maintenant. (Elle touche et examine les objets qui ornent le bureau, elle ouvre un tiroir et en tire un album de photographie). Je ne connais pas cet album. Voyons.

WUNSCH.

Madame la comtesse, je vous conjure de laisser cela; monsieur n'aime pas qu'on regarde cet album et...

LA COMTESSE.

Raison de plus pour que je le regarde. (Wunsch se dirige vers la porte avec des gestes de désespoir.) Wunsch !

WUNSCH.

Madame la comtesse.

LA COMTESSE.

Qui est cette dame ?

WUNSCH.

Laquelle ?

LA COMTESSE.

Celle-ci, la blonde ?

WUNSCH.

C'est mademoiselle Mariette, du ballet.

LA COMTESSE.

Et celle-ci ?

WUNSCH.

C'est une marquise espagnole qui nageait avec
monsieur à Biarritz.

LA COMTESSE.

Je vois cela d'ici. Et celle-là ?

WUNSCH.

C'est une demoiselle anglaise qui dresse très-
bien les chevaux.

LA COMTESSE (soupirant).

Jolie compagnie !... Et dire qu'il se fait tirer
l'oreille pour la quitter ! pour cesser son « paper
run »; qu'il refuse enfin de poursuivre un but sérieux.

C'est triste, quoi qu'il en dise, cette destinée
de Don Juan au rabais, aux amours faciles, pré-
vus ou tarifés.

Tu peux t'en aller, mon bon Wunsch, je dirai

à Stephy ta résistance à propos de cet intéressant album. Quand Stephy viendra, ne lui dis pas que je suis ici, je veux le surprendre ; mais n'est-ce pas le bruit de sa voiture que j'entends ?

WUNSCH.

En effet, c'est monsieur.

(Wunsch sort, et la comtesse, après lui avoir encore une fois fait signe de se taire, se retire dans un des coins de la scène.)

SCÈNE II

MURIADY, LA COMTESSE, WUNSCH.

MURIADY (entre, suivi de Wunsch).

Tu peux faire dételer. Pas de lettres ?

WUNSCH (présente des lettres sur un plateau).

En voici, monsieur.

(Muriady prend une des lettres, s'étend sur la chaise longue et se met à lire.)

WUNSCH.

Monsieur n'a plus rien à m'ordonner ?

MURIADY.

Non.

(Wunsch sort, la comtesse s'approche de Muriady et lui met les mains sur les yeux.)

SCÈNE III

LA COMTESSE, MURIADY.

MURIADY.

Aie, qui va là? Au voleur! à l'assassin! Je ne connais positivement pas ces mains-là. Serait-ce?... Non, c'est impossible. Et ce vilain Wunsch qui me livre à l'ennemi.

LA COMTESSE (changeant sa voix).

Devinez.

MURIADY (hésitant).

Je n'ose. Soyez généreuse, belle inconnue.

LA COMTESSE (riant).

Ni belle, ni inconnue, monsieur mon frère. Avouez que vous êtes désappointé.

MURIADY.

Mais c'est une très-mauvaise plaisanterie, en effet. Je vous la pardonne cependant de grand cœur, puisque vous êtes là. Venez vous asseoir et causons. Je me proposais justement de vous aller voir demain.

LA COMTESSE.

Avec cela que je vous crois. En attendant, voulez-vous me faire la grâce de me dire pour-

quoi vous n'avez plus mis les pieds chez moi depuis bientôt une semaine, ce qui m'oblige à vous
relancer chez vous à des heures indues?

MURIADY.

Je pourrais vous donner mainte excuse, je
pourrais prétexter des affaires...

LA COMTESSE.

Folies !

MURIADY.

Mais je ne veux point vous abuser. Je serai
franc avec vous, d'une franchise fraternelle. Je
sais ce que vous voulez et pourquoi vous êtes
venue me chercher jusqu'à Vienne. Si je vous ai
évitée ces derniers temps, c'était pour fuir des
discussions. Je n'aurais pu me ranger à votre
avis, ce qui vous aurait inutilement chagrinée.

LA COMTESSE.

Mais, mon cher Stephy, soyez raisonnable, et
dites-moi pourquoi vous ne voulez pas vous
marier.

MURIADY.

(A part.) Nous y voilà. (Haut.) Ah ! pourquoi...

LA COMTESSE.

Oui, pourquoi ? Qu'est-ce que vous avez contre mon amie Résy ? Naissance, beauté, belles

propriétés en Bohême, elle a tout pour elle ; de
plus, vous lui plaisez, et comme caractère, c'est
tout moi. (Muriady fait la grimace.) Eh bien ! quoi ?
vous faites la mine, je crois, et vous avez l'air de
dire que vous avez déjà bien assez d'un échantil-
lon pareil dans votre famille ?

MURIADY.

Mais je n'ai rien dit.

LA COMTESSE.

C'est très-impertinent ce que vous n'avez pas
dit.

MURIADY.

Ne vous fâchez pas, chère amie ; personne ne
vous aime et ne vous estime plus que moi ; mais,
entre nous, j'aurais été désolé de vous avoir pour
femme. J'ai toujours admiré le courage qu'a
montré Budiansky en vous épousant. Et vous
m'offrez votre Sosie ! une héroïne de vertu, j'en
conviens ; mais avec laquelle j'aurais toujours le
sentiment de fumer un cigare dans une pou-
drière. Merci.

LA COMTESSE.

Mais que vous faut-il, enfin ?

MURIADY.

A moi ? rien ; rester comme je suis. Au fond,
je n'aurais rien à objecter contre Rézy... c'est

contre le mariage que je proteste. Le mariage est
la cage fermée. Or, j'ai encore des ailes et je veux
m'en servir...

LA COMTESSE.

Alors, voudriez-vous me dire pourquoi vous
faites la cour à la petite Lilien ?

MURIADY (surpris).

Comment ? qui vous a dit cela ?

LA COMTESSE.

Mon cher Stephy, je me permettrai de vous
dire que vous êtes comme l'autruche, qui se croit
invisible lorsqu'elle cache sa tête sous son aile.
Vos assiduités auprès de Thécla Lilien... mais
c'est le secret de Vienne ; tout le monde en parle.

MURIADY.

Commérages !...

LA COMTESSE.

Vous m'accorderez, je pense, assez de discer-
nement pour distinguer un commérage fondé
d'un commérage sans fondement. J'en ai assez,
hélas ! sur la conscience, pour m'y connaître.

MURIADY.

D'accord !

LA COMTESSE.

Cette fois, il y a anguille sous roche. Voyons,

mon bon Stephy, dites-moi ce qui en est, je vous
en prie ; je suis horriblement inquiète. Où voulez-vous en venir ? Avez-vous bien réfléchi ? Cette
petite est la fille d'un banquier ; elle est fiancée
à Samuel Rosenbluhm l'ancien associé de son
père, à ce Rosenbluhm qui est aussi connu derrière les coulisses qu'à la Bourse. Vous commettre avec ces gens-là n'a pas le sens commun.
Vous nuisez à la réputation de cette pauvre fille,
et, entre nous soit dit, le fleuron que vous
ajoutez à votre couronne n'a rien de bril-
lant.

MURIADY.

Je le sais.

LA COMTESSE.

Mais alors ?

MURIADY.

Je suis aise que vous ayez abordé ce sujet,
d'autant plus que je voulais vous en parler à
cœur ouvert ; je ne savais comment m'y prendre.
Dispensez-moi de vous raconter comment j'en
suis venu à faire la cour à Thécla. Le fait est
qu'aujourd'hui je suis sous son charme. Elle
prétend m'aimer (souriant amèrement), et pas plus
tard que ce soir j'ai voulu en avoir la preuve.

LA COMTESSE.

Je ne comprends pas.

MURIADY.

Vous allez me comprendre. Quand je rencontrai Thécla, je venais de rompre avec une femme qui m'avait fait souffrir, je ne m'en cache pas, elle m'avait fait souffrir.

LA COMTESSE.

Je sais... je sais... votre fameuse histoire avec Mélanie.

MURIADY.

Un soir que des doutes m'étaient venus, plus forts que d'habitude, sur la sincérité de son attachement, je lui demandai un sacrifice.

LA COMTESSE.

Quoi donc ?

MURIADY.

Une chose bien simple, je lui demandais de commettre pour moi une imprudence.

LA COMTESSE (souriant).

Ah ! mon pauvre frère.

MURIADY.

Elle refusa net, et je m'éloignai d'elle tout meurtri, emportant au fond de l'âme le doute... Je me mis à feuilleter mes souvenirs. J'avais cru plusieurs fois être aimé : il me sembla dès lors ne jamais l'avoir été que jus-

qu'à l'imprudence exclusivement... J'avais pris
pour de l'amour de banals témoignages de confiance...

LA COMTESSE.

Je ne vois pas du tout quel rapport cela peut
avoir avec la petite Lilien.

MURIADY.

Je me suis donné le temps de souffrir à mon
aise, puis je suis retourné dans le monde un peu
froid et désenchanté. C'est alors que j'ai rencontré
Thécla.

LA COMTESSE.

Pour l'amour de Dieu, abrégez, je suis sur des
charbons ardents. Vous m'avez dit que la petite
Lilien vous aime et que ce soir vous avez exigé
une preuve de son amour. Qu'est-ce, de grâce?
Je frémis.

MURIADY (sérieux).

Je lui ai demandé une imprudence.

LA COMTESSE.

Laquelle, malheureux, laquelle ?

MURIADY.

Mais... de venir chez moi ce soir après le
bal.

LA COMTESSE.

Comment! vous avez osé demander chose
pareille à une jeune fille comme il faut!...

MURIADY.

Je l'ai osé.

LA COMTESSE.

Et elle vous a écouté?

MURIADY.

Oui, elle m'a écouté.

LA COMTESSE.

Et elle vous a promis de venir?

MURIADY.

Elle m'a promis de venir.

LA COMTESSE.

Répétez-moi encore cela ! Je n'en crois pas mes
oreilles. Quoi, une jeune fille?

MURIADY.

Oui... si elle était mariée, vous trouveriez la
chose toute naturelle.

LA COMTESSE (impatientée).

Vous savez bien que ce n'est pas cela que je
veux dire. Mais enfin, songez-y.... Je pense
qu'elle a dû se moquer de vous. Mais vous avoir
laissé aborder un semblable entretien, est déjà une

énormité. Ah! les demoiselles d'aujourd'hui!...
Je leur en fais mon compliment:

MURIADY.

Ne jugez pas celle-ci d'après les autres. Souvenez-vous des circonstances dans lesquelles elle se trouve. Elle est orpheline, sa tante la traite durement, et son fiancé lui est antipathique... Mais ce que vous ignorez, c'est que forcée, avec une âme tendre et expansive, de vivre toujours renfermée en elle-même, elle se soustrait, sans le savoir, à toute espèce d'autorité conventionnelle. C'est une nature d'élite... Sans cela, croyez-vous, présomption à part, qu'elle eût pu m'attirer?

LA COMTESSE.

Si son extérieur de blanche colombe cache le caractère que vous dites, comment avez-vous eu le courage de lui parler comme vous l'avez fait? Voilà ce que je ne parviens pas à saisir.

MURIADY.

Ah! je n'en sais rien... Ce soir, je me suis laissé emporter dans des régions où la volonté s'éclipse. Involontairement, les idées qui ont dominé ma vie ces derniers temps se sont imposées à moi, les paroles m'ont échappé.

LA COMTESSE.

Il résulte de tout ce que vous venez de me dire que vous l'attendez?

MURIADY.

Du tout.

LA COMTESSE.

Je comprends de moins en moins.

MURIADY.

Comment ne comprenez-vous pas? Elle m'a aussi répondu dans un moment d'exaltation. Rentrée du bal, elle aura réfléchi, et mille petits obstacles matériels suffiront, en outre, pour l'arrêter.

LA COMTESSE.

C'est égal, j'ai peur. (Avec défiance.) Savez-vous, mon cher Stephy, que vous êtes un beau parti pour mademoiselle de Lilien?

MURIADY.

Ah! fi! Après ce que je vous en ai dit ; votre réflexion n'est pas « ladylyke ». Il est surprenant, comme, de femme à femme, vous vous méfiez facilement.

LA COMTESSE.

C'est à force de voir combien, vous autres hommes, vous vous laissez facilement abuser. En tous cas, que comptez-vous faire?

MURIADY.

Je n'en sais rien, et je voulais vous consulter.

LA COMTESSE.

Alors suivez mon avis; laissez cette pauvre enfant en repos et partez. Surtout ne revenez que quand il n'y aura plus aucun danger, ni pour elle, ni pour vous... Je ne puis m'empêcher de sourire de vous voir embarqué dans cette idylle de salon.

MURIADY.

Vous avez raison.

LA COMTESSE.

Allons, il est temps que je vous quitte : venez me voir demain matin, peut-être vous persuaderai-je de m'accompagner en Bohême.

MURIADY.

En Bohême, certes non !

LA COMTESSE (fausse sortie.)

Ah ! encore un mot, voulez-vous épouser Rézy ?

MURIADY.

Non.

LA COMTESSE.

Aimeriez-vous sérieusement cette petite ? (Silence.) Au moins partirez-vous ?

MURIADY.

Pour cela, je vous le promets.

LA COMTESSE (elle l'embrasse).

Merci, me voilà tranquille.

(Wunsch entre d'un air embarrassé).

SCÈNE IV

MURIADY, LA COMTESSE, WUNSCH.

MURIADY.

Qu'est-ce qu'il y a?

WUNSCH (s'approchant de Muriady, à demi-voix).

Monsieur, c'est une dame...

MURIADY.

Chut !

LA COMTESSE.

Quoi? qu'est-ce que c'est?

MURIADY.

Rien, chère amie, vous me feriez plaisir en sortant par ici, (il indique la porte à droite) Wunsch va vous conduire.

LA COMTESSE.

Non, c'est trop fort! je ne veux pas m'en aller, cela ne peut pas se passer ainsi.

MURIADY.

Y songez-vous? Vous ne savez pas à quoi vous vous exposez. Ce n'est peut-être pas elle.

LA COMTESSE.

Cela m'est égal, j'en cours le risque.

MURIADY.

Au moins, entrez là pour un moment. (La comtesse sort.)

———

SCÈNE V

MURIADY, THÉCLA.

MURIADY. (Il va chercher Thécla et la ramène voilée et enveloppée dans un burnous. Elle se laisse tomber accablée sur une chaise; son burnous glisse de ses épaules.)

Comment, Thécla! Thécla! vous, vous ici? (Il s'agenouille devant elle.)

THÉCLA (émue).

Laissez-moi me remettre; le souffle me manque, la tête me tourne.

MURIADY (courant chercher un flacon).

Tenez, ce flacon.

THÉCLA (respirant).

Ah! cela va mieux! merci. A présent, pourrez-vous encore douter?

MURIADY.

Vous êtes un ange, et je suis indigne de mon bonheur. Mais comment avez-vous fait pour vous échapper et pour venir ainsi seule, ma pauvre enfant?

THÉCLA.

Le sais-je? Il y a des moments dans la vie où l'on agit entraînée par une force irrésistible. Tantôt, en rentrant du bal, ma tante me fait une scène horrible. Elle m'accable de reproches, elle me déclare qu'elle ne me permettra plus de vous parler, et qu'elle va vous écrire pour vous prier de cesser vos assiduités auprès de moi.

MURIADY.

Et que lui avez-vous dit?

THÉCLA.

Je lui ai répondu vivement, en lui annonçant mon intention de rompre avec Rosenbluhm. Elle m'a alors menacée d'user de son autorité, de me mettre au couvent, de me contraindre à ce mariage; mais je n'entendais plus rien, je ne songeais qu'au moyen de fuir. Ma tante m'ayant quittée, je jetai ce burnous sur mes épaules et...

MURIADY.

Ah! je comprends ce que vous avez dû souffrir. (Inquiet.) Mais comment faire pour que vous puissiez rentrer maintenant?

THÉCLA.

Rentrer? pourquoi? Revient-on sur ses pas dans une situation pareille? En venant ici, je mettais ma destinée entre vos mains et je rompais pour toujours avec mon triste passé. Vous doutiez de mon amour, vous vouliez des preuves, vous m'avez ordonné de venir, me voici, mon maître et seigneur; que vous faut-il de plus? Vous ne répondez pas... Vous paraissez préoccupé... à quoi pensez-vous?

MURIADY.

Je pense... je pense... et si j'allais n'être pas digne de vous... songez-y, quelle déception!

THÉCLA.

Que voulez-vous dire? Ne m'assuriez-vous pas, il y a une heure, que l'amour était un sentiment providentiel auquel il fallait obéir? Vous en étiez si sûr que votre confiance m'a gagnée. Pourquoi voulez-vous me la ravir maintenant?

MURIADY.

Sans doute, mais, je... je ne sais plus ce que je dis... Je suis un misérable insensé qui vous aime... Et comment ne vous aimerais-je pas, adorable comme vous l'êtes? (A part.) Et ma sœur qui nous entend!

THÉCLA.

Mais alors... regardez-moi!... Vous êtes troublé... vous souffrez?

MURIADY.

Non, je vous aime et je suis heureux. Si vous me voyez un peu pensif, c'est que je suis forcé de combiner... Il y a des difficultés.

THÉCLA.

Oui, il nous faudra partir, quitter Vienne, chercher un coin de terre où cacher notre bonheur. Ensuite, notre mariage une fois déclaré, quoi de plus simple?... Croyez-vous que votre famille pourrait faire des objections? Quand on verra combien je vous aime, on finira bien par me pardonner. Je ferai tout pour cela... J'ai encore un peu peur; mais c'est égal, je me sens si heureuse d'être votre compagne et de me dire que c'est pour toujours. Toujours!... Ce mot sonne à mes oreilles comme un accord divin. Comment... encore soucieux?... Chassez bien vite ces nuages de votre front, et dites-moi encore que vous m'aimez. Je veux le croire. (Elle appuie sa tête sur l'épaule de Muriady.)

MURIADY.

Ah! Thécla! mon ange!

———

SCÈNE VI

Les précédents, LA COMTESSE.

(La comtesse entre d'un air digne.)

THÉCLA.

Mon Dieu ! (Elle cache sa figure dans ses mains.)

MURIADY (à Thécla).

C'est ma sœur.

LA COMTESSE.

Excusez-moi, mademoiselle, de ce que, bien involontairement, je me suis trouvée assister à votre entretien avec mon frère, et laissez-moi me prévaloir de ma... parenté pour un peu me mêler de vos affaires. (Avec une nuance de dédain.) Il paraît que vous avez donné la préférence à notre alliance sur celle de M. Rosenbluhm?

MURIADY.

Permettez, ma sœur...

LA COMTESSE.

Non, laissez-moi achever. (A Thécla.) Puisqu'il en est ainsi, mademoiselle, et puisque vous vous êtes laissée entraîner à une démarche... comment dirai-je?.... aussi exceptionnelle, je crois devoir vous déclarer que, pour l'honneur de notre nom, ainsi que pour vous-même, nous devons nous efforcer d'en atténuer la portée. (Ici Thécla relève la tête, son expression est un mélange de douleur, de honte et d'indignation.) Vous comprendrez qu'une Muriady ne doit ni prêter ni avoir prêté à la médisance. Or, quand le bruit de ce qui s'est passé ce soir se sera répandu, ce sera plus que de la médisance, ce sera du scandale.

THÉCLA.

Ah! madame, que vous ai-je fait?

LA COMTESSE.

Il faut éviter ce scandale, à tout prix; pour cela, je vous propose de venir avec moi. Vous serez censée être venue chez moi; je vous reconduirai chez madame votre tante, à laquelle je vous prierai de me présenter. Je m'expliquerai avec elle au nom de mon frère.

THÉCLA.

Soyez sans inquiétude, madame, je veux vous épargner cette peine, et je rentrerai seule chez moi Si j'avais pu croire qu'il fût possible d'attribuer ma démarche à un calcul qui me fait rougir, jamais, non, jamais, je vous le jure, je ne me serais décidée à ce que j'ai fait. Je préfère mille fois vivre séparée de votre frère que de risquer qu'il puisse douter un seul instant de la pureté de mon affection. Adieu, madame, je prierai Dieu de vous pardonner le mal que vous me faites. (Elle prend son burnous.)

LA COMTESSE (se mettant entre la porte et Thécla.)

Vous n'y songez pas, ma pauvre enfant, vous vous perdez de réputation.

THÉCLA.

Qu'importe, madame, c'est une affaire entre ma conscience et mon cœur. Au moins, si ma réputation est perdue, cela n'aura pas été au prix de votre alliance.

MURIADY (Au début de cet entretien il a donné des marques d'inquiétude; vers la fin, il prend un air triomphant. A part, à la comtesse).

Eh bien! vous le voyez; la connaissez-vous, maintenant?

LA COMTESSE (à Muriady).

Elle est adorable! Comment ai-je pu la méconnaître? (Elle court vers Thécla, la prend dans ses bras, et lui dit avec volubilité.) Ma chère petite, laissez-moi vous embrasser et vous demander pardon de ce que je vous ai dit. J'ai été une sotte, et je ne veux pas que vous me croyiez méchante. Vous êtes charmante, vous me plaisez énormément, et je veux absolument, absolument de vous pour belle-sœur. Voyons, m'aimez-vous un peu? Avez-

vous oublié mes sottises ? Si cela n'était pas,
j'en serais au désespoir.

THÉCLA.

Comment ne vous pardonnerais-je pas ? Je
sens maintenant que vous devez être bonne et
que vous ne me haïssez plus.

MURIADY.

Ma Thécla chérie, ma sœur n'avait pas tort en
vous proposant de vous reconduire chez votre
tante. Je ne veux pas que, par ma faute, qui que
ce soit ait à vous blâmer, ma fiancée bien-aimée,
et demain... (On sonne très fort. Bruit de voix dans l'an-
tichambre.) Quel est ce vacarme ? Grand Dieu !....
serait-ce vous qu'on vient chercher ?

THÉCLA.

Je n'en sais rien.

MURIADY.

Cela doit être. Cachez-vous, je vous en conjure. (A la comtesse.) Qu'on ne la voie pas.

THÉCLA.

Mais pourquoi donc ?

LA COMTESSE.

Allons, venez ici, enfant, obéissez à votre seigneur. Allons, venez vite, vite. (Elle l'entraîne de

force ; le burnous est resté sur un meuble. On frappe à la porte du fond.)

—————

SCÈNE VII

MURIADY, WUNSCH.

(Muriady va ouvrir.)

WUNSCH.

Monsieur...

MURIADY.

Quel est ce tapage?

WUNSCH.

C'est le banquier Rosenbluhm, que monsieur ne connaît pas, et qui insiste depuis un quart d'heure pour que je l'annonce.

MURIADY.

Pourquoi ne lui avoir pas dit que je ne recevais pas?

WUNSCH.

Je le lui ai dit ; mais il prétend être venu pour une affaire importante que monsieur serait fâché de manquer. Il a presque voulu entrer de force. C'est pourquoi je me suis permis de venir prendre des ordres.

MURIADY.

Fais entrer.

———

SCÈNE VIII

MURIADY, ROSENBLUHM.

(Rosenbluhm entre et salue en jetant de tous côtés des regards
scrutateurs. Il parle très vite.)

ROSENBLUHM.

Monsieur, je suis Samuel Rosenbluhm, et si je
me présente à vous si tard, d'une manière aussi
inusitée, ce n'est pas pour une bagatelle, vous le
pensez bien. C'est pour un motif très-grave, et
ce motif, je vais vous le faire connaître.

MURIADY.

J'en serai bien aise, monsieur. (Il fait signe à Ro
senbluhm de s'asseoir.)

ROSENBLUHM.

Ce soir, après le bal.... car vous savez que j'é-
tais au bal de l'ambassade ?

MURIADY.

Ah !... en effet.

ROSENBLUHM.

Oui, vraiment. Je disais donc que ce soir,

après le bal, madame de Lilien me pria de la ramener chez elle, ainsi que sa nièce. A notre arrivée chez ces dames, madame de Lilien m'invita à monter. Thécla...

MURIADY.

Monsieur, ces détails...

ROSENBLUHM.

Laissez-moi achever, de grâce, j'arrive au fait dans un instant, Thécla se retire dans sa chambre ; je reste donc seul avec la tante, et j'en profite pour la prier d'aller consulter sa nièce, une dernière fois, sur la date à fixer pour notre mariage. Voici je ne sais plus combien de temps que je suis tenu le bec dans l'eau. C'est ennuyeux ! Vous savez que Lilien père était mon associé. Il y a dix-huit mois, il meurt... cela m'a été horriblement désagréable : sa fille est mineure, de là, conseil de famille, tutelle, formalités, embarras... Cela ne pouvait pas durer comme cela... Heureusement que Lilien avait formé le projet de me donner sa fille en mariage. La tante était pour ; la petite, qui savait que son père désirait cette union, avait dit oui... Cela m'arrangeait d'autant plus que la petite est jolie ; car elle est très-jolie la petite...

MURIADY (très-impatienté).

Mais, monsieur, au fait, je vous prie. Qu'est-ce qui me procure l'avantage de votre visite?

ROSENBLUHM.

M'y voici... Madame de Lilien était donc montée chez sa nièce ; j'ai hâte de me marier, mon
établissement est tout préparé, mes voitures sont
de chez Marius, mon argenterie de chez Klin-
kosch avec nos armes dessus, mon petit hôtel de
la Léopoldstadt...

MURIADY.

Mais c'est insupportable !

ROSENBLUHM.

Madame de Lilien, redescendue au salon toute
bouleversée, m'annonce que Thécla ne veut plus
m'épouser. Fabuleux ! pyramidal ! inouï !... moi,
Rosenbluhm et compagnie. C'est elle qui est
compagnie. Elle refuse d'être ma compagne. Là-
dessus, je supplie madame de Lilien de demander
à Thécla, de ma part, un moment d'entretien : elle
remonte, et une minute après, redescend comme
une avalanche. Plus de Thécla, disparue. Nous
appelons ses gens, personne ne l'a vue passer.
Alors madame de Lilien m'a avoué que, d'après
son dernier entretien avec sa nièce, Thécla devait
être morte ou chez vous. Sur ce, madame de Lilien s'est évanouie dans mes bras. Je l'ai posée
par terre et me voici.

Monsieur le comte, ma fiancée n'est pas morte,
elle est chez vous !

MURIADY.

Où prenez-vous cela, je vous prie?

ROSENBLUHM (fait le signe de donner de l'argent).

Votre suisse, que j'ai diplomatiquement interrogé, m'a avoué qu'une dame en burnous avait monté votre escalier.

MURIADY.

Et après, monsieur?

ROSENBLUHM.

Après, mon cher comte... (Mouvement de Muriady.) Voyons, rendez-moi ma fiancée, ou, au moins, laissez-moi lui parler. C'est très-important... Rosenbluhm et compagnie, cela l'intéresse au moins autant que moi-même. Il faut que j'éclaire cette enfant. Elle est ici depuis vingt-cinq minutes seulement... Il n'a rien pu se passer de bien grave... n'est-ce pas? Alors il ne serait pas trop tard, et elle pourrait rentrer chez sa tante et dans le devoir.

Je passerai sur l'incident.

MURIADY.

Monsieur, je ne sais pas du tout pourquoi vous venez ainsi me raconter vos affaires et m'y mêler... Croyez bien que je n'ai aucune fiancée à vous rendre, et si vous voulez chercher mademoiselle de Lilien pour la faire rentrer dans ce que vous appelez le devoir, j'ai bien peur que vous n'ayez à la chercher ailleurs. Elle est très-probablement perdue pour vous et pour toujours. Je vous conseille de vous familiariser avec cette idée.

ROSENBLUHM.

Quoi? que voulez-vous dire? Vous ne croyez pas cependant qu'elle se soit tuée? (Avec agitation) Mais ce serait encore pis... sapristi....

MURIADY.

Je n'ai nullement dit cela.

ROSENBLUHM (n'écoutant pas).

Mais ce serait abominable. Sa fortune irait à des collatéraux... et cette pauvre Thécla, si charmante... (Il pleure.) Oui, bien jolie ; car elle l'était, ah ! oui. (Il tombe assis à côté du burnous de Thécla, le reconnaît et se lève furieux). Ce burnous... son burnous que j'ai fait venir de chez Briggs, d'Alexandrie, et qui a coûté 5oo florins! Il n'y en a pas deux comme cela à Vienne. Mais, monsieur, vous m'avez donc menti? Thécla est ici. Prenez garde, monsieur, il y a des tribunaux.

MURIADY.

J'ignore, monsieur, ce que les tribunaux ont à faire dans tout cela ; mais ce que je sais fort bien, c'est que... (Il l'emmène dans un coin de la scène.) Vous venez de m'insulter, vous pensez bien que cela ne se passera pas ainsi ?

ROSENBLUHM.

Mais je ne sais pas ce que vous voulez dire...

MURIADY.

Taisez-vous, je me respecte trop pour vous faire jeter par la fenêtre.

ROSENBLUHM.

Bien obligé.

MURIADY.

Et je vous ferai l'honneur d'exiger de vous une réparation par les armes.

ROSENBLUHM.

Comment, comment ?

MURIADY.

Attendez-moi ici, je cours au club, et je ramène à l'instant deux témoins avec lesquels vous pourrez discuter immédiatement les conditions du combat. A bientôt. (Il prend son chapeau et sort vivement.)

SCÈNE IX

ROSENBLUHM, seul.

ROSENBLUHM (agité).

C'est joli ! il m'enlève ma fiancée et il me dit que c'est moi qui l'outrage. Il veut m'exterminer. Parfait ! Ah ! mais non ! s'il ne s'agissait que de moi ; mais il y a mes associés, mes clients, correspondants, commettants, etc. Leurs intérêts sont entre mes mains, et je ne puis pas, je ne dois pas les compromettre en exposant ma vie. Le comte me demande de lui rendre raison... ah ! ah ! ah ! Ces gens-là se croient tout permis... Au fond, pourquoi veut-il me tuer ? Parce que je l'ai accusé d'une contre-vérité. Mais ces choses-là se disent. Voyez plutôt le compte-rendu des discussions parlementaires, il n'en résulte cependant rien. Ma foi, il va revenir avec ses deux imbéciles d'amis... et... je donnerai des explications : cela en restera là. Non... tiens ! Ils dîneront tous chez moi dans huit jours, et cela fera enrager Mayer et Mendelsohn !.. Ce n'est plus cela qui m'inquiète... mais bien ma fiancée... L'histoire va s'ébruiter ! Allons, mon mariage est tombé dans l'eau. (Il soupire.)

SCÈNE X

ROSENBLUHM, LA COMTESSE.

(La comtesse, qui pendant les dernières phrases de Rosenbluhm est entrée, a pris le burnous de Thécla et le met sur
ses épaules devant la glace)

ROSENBLUHM.

Sapristi, la belle femme! Que fait-elle donc
du burnous de Thécla? Tiens!... s'il était à
elle! Mais alors, le comte avait raison. Thécla
n'est pas ici. Elle ne peut pas y être en même
temps que cette rousse sémillante. (A la comtesse en
lui faisant signe.) Pst... pst...

LA COMTESSE (se retourne intriguée).

Hein... plaît-il? C'est à moi que vous vous
adressez?

ROSENBLUHM.

Vous le voyez bien, ma belle, puisque nous
sommes seuls.

LA COMTESSE.

C'est que, dans la société où je vis, on n'appelle
ainsi que les gens qu'on connaît intimement, et
cela quand on veut se donner le luxe d'être
mauvais genre.

ROSENBLUHM (riant).

Ah ! ah ! ah ! Dans la société où je vis... Ah ! ah ! ah ! Elle est adorable, ah ! ah ! ah !

LA COMTESSE (à part).

Dieu sait pour qui il me prend. Il est à mourir de rire ; je vais le faire un peu poser : avec lui, cela ne tire pas à conséquence.

ROSENBLUHM.

Vous me connaissez, n'est-ce pas ?

LA COMTESSE.

Du moins, je sais qui vous êtes.

ROSENBLUHM.

Ce que c'est pourtant que d'être populaire parmi les femmes... C'est drôle, mais je ne vous connais pas du tout. C'est même incroyable ! Comment vous nommez-vous ?

LA COMTESSE.

Marie.

ROSENBLUHM (avec dédain).

Ah ! ce nom ne vous va pas du tout, du tout. Vous devriez en changer : vous nommer Paméla, Cora, ou prendre un nom drôle...

LA COMTESSE.

Ma famille n'y consentirait pas.

ROSENBLUHM (riant).

Ah ! ah ! ah ! sa famille, elle est décidément très-amusante. Savez-vous... en fait de nom drôle, que l'automne dernier, à Bade, j'ai connu une petite blonde qui se nommait : Boule-de-Gomme. Et comme j'étais très-enrhumé, cela m'a décidé à lui faire la cour. Écoutez-moi, Marie.

LA COMTESSE.

Je vous prie de ne me nommer Marie que lorsque je vous appellerai Samuel.

ROSENBLUHM.

Soit ! j'y consens et j'en accepte l'augure. Savez-vous que le comte se prépare à vous planter là ?

LA COMTESSE.

Quel comte ?

ROSENBLUHM.

Le comte Muriady, parbleu !

LA COMTESSE.

Ah !

ROSENBLUHM.

Oui, il m'a pris ma fiancée, il me semble tout

naturel que j'aspire à lui prendre ses amies. Hé !
Qu'en pensez-vous ?

LA COMTESSE (sérieuse).

Pardonnez-moi une question indiscrète, monsieur ; mais je brûle de savoir pour qui vous me
faites l'honneur de me prendre ?

ROSENBLUHM.

Pour qui ?

LA COMTESSE.

Oui.

ROSENBLUHM.

Mais cela se voit tout de suite à la première
vue, quand on a du tact et de l'expérience comme
moi. Suivez mon raisonnement : Vous êtes jeune,
vous êtes belle, d'une élégance à tout casser....

LA COMTESSE (piquée).

Je vous remercie de ce compliment.

ROSENBLUHM.

De plus, *nota bene*, vous êtes rousse.

LA COMTESSE (très-piquée).

Mais, c'est de naissance.

ROSENBLUHM.

De naissance ! Vous dites toutes cela. Vous

êtes à une heure du matin chez Muriady et seule!
Vous n'êtes pas une femme du monde, c'est
évident !

LA COMTESSE.

Qui vous fait présumer cela?

ROSENBLUHM.

Si vous étiez une femme du monde, vous ne
seriez pas entrée dans ce cabinet où vous saviez
que j'étais.

LA COMTESSE.

Vous êtes d'une perspicacité... à tout casser...
et qui va recevoir sa récompense.

ROSENBLUHM.

C'est cela, ma chère, c'est cela. Voulez-vous
me permettre de te tutoyer ? c'est plus régence.

(Il s'approche d'elle avec des airs entreprenants. Elle l'arrête d'un regard hautain.)

LA COMTESSE.

Vous vous trompez, monsieur... tout à l'heure,
vous avez offensé mon frère...

ROSENBLUHM.

Mais alors, vous êtes la célèbre comtesse Budianska; c'est complet.

(Rosenbluhm recule inquiet à mesure que la comtesse avance
vers lui, il finit par se réfugier derrière une table.)

LA COMTESSE.

Vous avez insulté mon frère, et il s'est fait
scrupule de vous faire mettre dehors par ses gens.
Ce scrupule, je ne le partage pas. (Elle sonne,
Wunsch entre.)

SCÈNE XI

Les précédents, WUNSCH.

LA COMTESSE.

Faites emporter ce monsieur.

WUNSCH.

A l'instant, madame la comtesse (fausse sortie).

LA COMTESSE.

Au fait, pas encore. Laissez-nous.
(Vunsch sort.)

SCÊNE XII

ROSENBLUHM, LA COMTESSE.

ROSENBLUHM (A part.)

Dans quel pétrin me suis-je fourré là pour
cette petite Thécla! Que le ciel la confonde!

(A la comtesse.) Madame la comtesse, vous me voyez au désespoir, plus qu'au désespoir; mais ma méprise, ma maladresse, mon manque d'usage...

LA COMTESSE.

Mais, tantôt, vous vous vantiez de votre grande expérience.

ROSENBLUHM.

Madame, ayez pitié... de grâce...

LA COMTESSE.

Laissons cela, monsieur, je ne vous en veux pas, au contraire, j'ai des remerciements à vous faire. (Elle regarde sa toilette.) Vous m'avez donné une petite leçon dont je profiterai certainement. C'est d'autre chose que nous avons à parler.

Vous cherchez mademoiselle de Lilien?

ROSENBLUHM.

Oui, madame la comtesse; en effet, sa tante m'avait prié...

LA COMTESSE.

Eh bien! monsieur, vous allez retourner chez madame de Lilien, et lui dire que Thécla est en sûreté, sous ma protection toute spéciale, et que je vais la reconduire de chez moi chez elle dans quelques moments.

ROSENBLUHM.

Madame, vous êtes bonne, aussi bonne que...
Ah ! pardon.

LA COMTESSE.

Encore un mot... Vous sentez bien que mon
frère sent les torts indirects qu'il a envers vous.
Aussi tâchera-t-il de les atténuer en vous lais-
sant la gestion de la fortune Lilien aussi long-
temps qu'il vous plaira. Cela vous va-t-il ?

ROSENBLUHM.

Ah ! madame la comtesse, vous êtes un ange...
pardon.

LA COMTESSE.

Quant à votre petite altercation, voulez-vous
me charger d'en exprimer vos regrets à mon
frère ? J'arrangerai cela mieux que des témoins,
je vous assure.

ROSENBLUHM.

Mes regrets ! mes regrets ! Dites mon repentir
le plus vif, le plus sincère. Je ne trouve pas de
mots pour exprimer ce que je sens. Je commence
à croire que je suis un butor.

LA COMTESSE (A part.)

Je le crois aussi. (Haut.) Adieu, monsieur,

allez vite rassurer cette pauvre madame de Lilien.

ROSENBLUHM.

J'y cours, madame la comtesse, j'y cours.
(Il sort.)

SCÈNE XIII

LA COMTESSE, THÉCLA.

(La comtesse contemple sa toilette avec dépit.)

LA COMTESSE (ouvrant la porte à gauche).

Allons, venez, mon enfant, votre ex-fiancé est
parti. Ah! le vilain homme! Que je conçois
votre répugnance à l'épouser. Figurez-vous que
l'impertinent m'a prise pour...

THÉCLA.

Quoi donc?

LA COMTESSE (se ravisant).

Il m'a pris, veux-je dire, une demi-heure pour
lui persuader de s'en aller et de renoncer à vous.
Enfin il y a consenti.

THÉCLA.

Ah! madame.

LA COMTESSE.

Et maintenant, il est allé calmer les inquiétudes de votre tante et lui dire que vous êtes chez moi. Que voulez-vous, c'est un gros mensonge, je le sais; je ne mens jamais qu'à la dernière extrémité; mais alors je mens bien, et puis je m'en confesse, et comme j'ai toujours une excellente raison... Mais ne perdons pas notre temps à causer. Voulez-vous venir maintenant? Et demain nous proclamerons la bonne nouvelle... ma petite belle-sœur... Allons, venez-vous?

THÉCLA.

Vous êtes vraiment si bonne que j'aurais encore une prière à vous faire.

LA COMTESSE.

Mais quoi donc, mon enfant? Parlez, je suis tout oreilles.

THÉCLA.

Je vous en prie, attendons encore un peu... avant de partir; je voudrais, je voudrais... (Elle cherche des yeux.) Pourquoi n'est-il pas là?

LA COMTESSE.

C'est trop juste... Comment!... ne savez-vous pas où il est allé?

THÉCLA.

Mais non.

LA COMTESSE (à part).

C'est vrai.... elle n'a pas écouté aux portes... Ces jeunes filles sont quelquefois bien étranges... (Haut). Nous avons donc un petit secret à lui dire.

THÉCLA (fait signe que oui).

LA COMTESSE.

Alors vous allez le lui dire tout de suite, car je l'entends.

(Elle va à la rencontre de Muriady.)

SCÈNE XIV

Les précédents, MURIADY.

MURIADY (sérieux. A la comtesse à part.)

Vous avez fait partir Rosenbluhm, je vous reconnais bien là... tant mieux au fait : car il n'y avait personne au club. (Montrant Thécla). Elle ne sait rien, je l'espère ?

LA COMTESSE (à part à Muriady).

Non !... Comment avez-vous pu croire que Rosenbluhm se couperait la gorge avec vous... tout est arrangé... Il vous offre ses excuses et renonce à Thécla. (A Thécla.) Pardon, ma chère, nous avons aussi nos petits secrets. A votre tour, maintenant. Faites vite .. Allons, je me bouche les oreilles et je ferme les yeux. (Elle se bouche les oreilles et se détourne.)

MURIADY (s'approchant de Thécla ; avec tendresse.)

Vous avez quelque chose à me dire, ma Thécla ? Parlez, c'est tout mon cœur qui vous écoute.

THÉCLA.

Je ne sais comment m'exprimer...

MURIADY.

Courage, courage. Pouvez-vous avoir peur de moi? ne m'appartenez-vous pas ?

THÉCLA.

Eh bien! oui. (Avec timidité et un peu de malice souriante.) Me pardonnerez-vous ce que j'ai fait pour vous ce soir?

MURIADY.

Vous pardonner, mon ange ?...

LA COMTESSE (avec impatience).

Ah! comme cela dure... Est-ce bientôt fini?

THÉCLA.

Voilà, je suis à vous. (Elle court chercher son burnous.)

LA COMTESSE.

Ce qui résulte pour moi du petit drame de ce soir, c'est que je vais quitter mon tailleur.

MURIADY.

Et pour moi... que je vais être le mari d'une femme capable d'une imprudence.

LA COMTESSE (montrant Thécla).

Au moins aidez-la à mettre son burnous.

FIN.

PARIS, IMPRIMERIE F. DUFOUR ET Cie

Boulevard Bonne-Nouvelle, 26, et Impasse Bonne-Nouvelle, 5.